THIS BOOK BELONGS TO:

NAME • _____

CONTACT • _____

EMAIL • _____

A

Web Site _____

    Email used _____

    Username _____

    Password _____

    _____

    _____

    Notes _____

    _____

    _____

Web Site _____

    Email used _____

    Username _____

    Password _____

    _____

    _____

    Notes _____

    _____

    _____

Web Site _____

    Email used _____

    Username _____

    Password _____

    _____

    _____

    Notes _____

    _____

B
C
D
E
F
G
H
I
J
K
L
M
N
O
P
Q
R
S
T
U
V
W
X
Y
Z

Web Site _____

    Email used _____

    Username _____

    Password _____

    _____

    _____

    Notes _____

    _____

    _____

Web Site _____

    Email used _____

    Username _____

    Password _____

    _____

    _____

    Notes _____

    _____

    _____

Web Site _____

    Email used _____

    Username _____

    Password _____

    _____

    _____

    Notes _____

    _____

A

Web Site _____

    Email used _____

    Username _____

    Password _____

    _____

    _____

    Notes _____

    _____

    _____

Web Site _____

    Email used _____

    Username _____

    Password _____

    _____

    _____

    Notes _____

    _____

    _____

Web Site _____

    Email used _____

    Username _____

    Password _____

    _____

    _____

    Notes _____

    _____

B
C
D
E
F
G
H
I
J
K
L
M
N
O
P
Q
R
S
T
U
V
W
X
Y
Z

Web Site

    Email used

    Username

    Password

    Notes

Web Site

    Email used

    Username

    Password

    Notes

Web Site

    Email used

    Username

    Password

    Notes

Web Site _____

Email used _____
Username _____
Password _____

_____
_____

Notes _____

_____
_____

Web Site _____

Email used _____
Username _____
Password _____

_____
_____

Notes _____

_____
_____

Web Site _____

Email used _____
Username _____
Password _____

_____
_____

Notes _____

_____

Web Site

Email used

Username

Password

Notes

Web Site

Email used

Username

Password

Notes

Web Site

Email used

Username

Password

Notes

Web Site _____

    Email used _____

    Username _____

    Password _____

    _____

    _____

    Notes _____

    _____

    _____

Web Site _____

    Email used _____

    Username _____

    Password _____

    _____

    _____

    Notes _____

    _____

    _____

Web Site _____

    Email used _____

    Username _____

    Password _____

    _____

    _____

    Notes _____

    _____

Web Site _____

    Email used _____

    Username _____

    Password _____

    _____

    _____

    Notes _____

    _____

    _____

Web Site _____

    Email used _____

    Username _____

    Password _____

    _____

    _____

    Notes _____

    _____

    _____

Web Site _____

    Email used _____

    Username _____

    Password _____

    _____

    _____

    Notes _____

    _____

    _____

A C D E F G H I J K L M N O P Q R S T U V W X Y Z

Web Site

Email used _____

Username _____

Password _____

_____

_____

Notes _____

_____

_____

Web Site

Email used _____

Username _____

Password _____

_____

_____

Notes _____

_____

_____

Web Site

Email used _____

Username _____

Password _____

_____

_____

Notes _____

_____

_____

Web Site _____

   Email used _____

   Username _____

   Password _____

   _____

   _____

   Notes _____

   _____

   _____

Web Site _____

   Email used _____

   Username _____

   Password _____

   _____

   _____

   Notes _____

   _____

   _____

Web Site _____

   Email used _____

   Username _____

   Password _____

   _____

   _____

   Notes _____

   _____

Web Site _____

    Email used _____

    Username _____

    Password _____

    _____

    _____

    Notes _____

    _____

    _____

Web Site _____

    Email used _____

    Username _____

    Password _____

    _____

    _____

    Notes _____

    _____

    _____

Web Site _____

    Email used _____

    Username _____

    Password _____

    _____

    _____

    Notes _____

    _____

Web Site

   Email used

   Username

   Password

   Notes

Web Site

   Email used

   Username

   Password

   Notes

Web Site

   Email used

   Username

   Password

   Notes

Web Site _____

    Email used _____

    Username _____

    Password _____

    _____

    _____

    Notes _____

    _____

    _____

Web Site _____

    Email used _____

    Username _____

    Password _____

    _____

    _____

    Notes _____

    _____

    _____

Web Site _____

    Email used _____

    Username _____

    Password _____

    _____

    _____

    Notes _____

    _____

Web Site _____

   Email used _____

   Username _____

   Password _____

   _____

   _____

   Notes _____

   _____

   _____

Web Site _____

   Email used _____

   Username _____

   Password _____

   _____

   _____

   Notes _____

   _____

   _____

Web Site _____

   Email used _____

   Username _____

   Password _____

   _____

   _____

   Notes _____

   _____

A B C D E F G H I J K L M N O P Q R S T U V W X Y Z

Web Site _____

    Email used _____

    Username _____

    Password _____

    _____

    _____

    Notes _____

    _____

    _____

Web Site _____

    Email used _____

    Username _____

    Password _____

    _____

    _____

    Notes _____

    _____

    _____

Web Site _____

    Email used _____

    Username _____

    Password _____

    _____

    _____

    Notes _____

    _____

Web Site _____

    Email used _____

    Username _____

    Password _____

    _____

    _____

    Notes _____

    _____

    _____

Web Site _____

    Email used _____

    Username _____

    Password _____

    _____

    _____

    Notes _____

    _____

    _____

Web Site _____

    Email used _____

    Username _____

    Password _____

    _____

    _____

    Notes _____

    _____

Web Site _____

    Email used _____

    Username _____

    Password _____

    _____

    _____

    Notes _____

    _____

    _____

Web Site _____

    Email used _____

    Username _____

    Password _____

    _____

    _____

    Notes _____

    _____

    _____

Web Site _____

    Email used _____

    Username _____

    Password _____

    _____

    _____

    Notes _____

    _____

Web Site _____

    Email used _____

    Username _____

    Password _____

    _____

    _____

    Notes _____

    _____

    _____

E

Web Site _____

    Email used _____

    Username _____

    Password _____

    _____

    _____

    Notes _____

    _____

    _____

Web Site _____

    Email used _____

    Username _____

    Password _____

    _____

    _____

    Notes _____

    _____

Web Site _____

    Email used _____

    Username _____

    Password _____

    _____

    _____

    Notes _____

    _____

    _____

Web Site _____

    Email used _____

    Username _____

    Password _____

    _____

    _____

    Notes _____

    _____

    _____

Web Site _____

    Email used _____

    Username _____

    Password _____

    _____

    _____

    Notes _____

    _____

Web Site _____

Email used _____
Username _____
Password _____
_____
_____

Notes _____
_____
_____

Web Site _____

Email used _____
Username _____
Password _____
_____
_____

Notes _____
_____
_____

Web Site _____

Email used _____
Username _____
Password _____
_____
_____

Notes _____
_____

E

Web Site _____

    Email used _____

    Username _____

    Password _____

    _____

    _____

    Notes _____

    _____

    _____

Web Site _____

    Email used _____

    Username _____

    Password _____

    _____

    _____

    Notes _____

    _____

    _____

Web Site _____

    Email used _____

    Username _____

    Password _____

    _____

    _____

    Notes _____

    _____

Web Site

Email used

Username

Password

Notes

Web Site

Email used

Username

Password

Notes

Web Site

Email used

Username

Password

Notes

Web Site _____

   Email used _____

   Username _____

   Password _____

   _____

   _____

   Notes _____

   _____

   _____

Web Site _____

   Email used _____

   Username _____

   Password _____

   _____

   _____

   Notes _____

   _____

   _____

Web Site _____

   Email used _____

   Username _____

   Password _____

   _____

   _____

   Notes _____

   _____

Web Site _____

    Email used _____

    Username _____

    Password _____

    _____

    _____

    Notes _____

    _____

    _____

Web Site _____

    Email used _____

    Username _____

    Password _____

    _____

    _____

    Notes _____

    _____

    _____

Web Site _____

    Email used _____

    Username _____

    Password _____

    _____

    _____

    Notes _____

    _____

Web Site _____

   Email used _____

   Username _____

   Password _____

   _____

   _____

   Notes _____

   _____

   _____

Web Site _____

   Email used _____

   Username _____

   Password _____

   _____

   _____

   Notes _____

   _____

   _____

Web Site _____

   Email used _____

   Username _____

   Password _____

   _____

   _____

   Notes _____

   _____

Web Site _____

    Email used _____

    Username _____

    Password _____

    _____

    _____

    Notes _____

    _____

    _____

G

Web Site _____

    Email used _____

    Username _____

    Password _____

    _____

    _____

    Notes _____

    _____

    _____

Web Site _____

    Email used _____

    Username _____

    Password _____

    _____

    _____

    Notes _____

    _____

Web Site _____

   Email used _____

   Username _____

   Password _____

   _____

   _____

   Notes _____

   _____

   _____

Web Site _____

   Email used _____

   Username _____

   Password _____

   _____

   _____

   Notes _____

   _____

   _____

Web Site _____

   Email used _____

   Username _____

   Password _____

   _____

   _____

   Notes _____

   _____

Web Site _____

   Email used _____

   Username _____

   Password _____

   _____

   _____

   Notes _____

   _____

   _____

Web Site _____

   Email used _____

   Username _____

   Password _____

   _____

   _____

   Notes _____

   _____

   _____

Web Site _____

   Email used _____

   Username _____

   Password _____

   _____

   _____

   Notes _____

   _____

H

Web Site _____

    Email used _____

    Username _____

    Password _____

    _____

    _____

    Notes _____

    _____

    _____

Web Site _____

    Email used _____

    Username _____

    Password _____

    _____

    _____

    Notes _____

    _____

    _____

Web Site _____

    Email used _____

    Username _____

    Password _____

    _____

    _____

    Notes _____

    _____

Web Site _____

   Email used _____

   Username _____

   Password _____

   _____

   _____

   Notes _____

   _____

Web Site _____

   Email used _____

   Username _____

   Password _____

   _____

   _____

   Notes _____

   _____

Web Site _____

   Email used _____

   Username _____

   Password _____

   _____

   _____

   Notes _____

   _____

A
B
C
D
E
F
G
H
I
J
K
L
M
N
O
P
Q
R
S
T
U
V
W
X
Y
Z

Web Site _____

   Email used _____

   Username _____

   Password _____

   _____

   _____

   Notes _____

   _____

   _____

Web Site _____

   Email used _____

   Username _____

   Password _____

   _____

   _____

   Notes _____

   _____

   _____

Web Site _____

   Email used _____

   Username _____

   Password _____

   _____

   _____

   Notes _____

   _____

Web Site _____

   Email used _____

   Username _____

   Password _____

   _____

   _____

   Notes _____

   _____

   _____

H

Web Site _____

   Email used _____

   Username _____

   Password _____

   _____

   _____

   Notes _____

   _____

   _____

Web Site _____

   Email used _____

   Username _____

   Password _____

   _____

   _____

   Notes _____

   _____

Web Site _____

    Email used _____

    Username _____

    Password _____

_____

_____

    Notes _____

_____

_____

Web Site _____

    Email used _____

    Username _____

    Password _____

_____

_____

    Notes _____

_____

_____

Web Site _____

    Email used _____

    Username _____

    Password _____

_____

_____

    Notes _____

_____

Web Site

    Email used

    Username

    Password

    Notes

Web Site

    Email used

    Username

    Password

    Notes

Web Site

    Email used

    Username

    Password

    Notes

Web Site

    Email used

    Username

    Password

    Notes

I

Web Site

    Email used

    Username

    Password

    Notes

Web Site

    Email used

    Username

    Password

    Notes

Web Site _____

    Email used _____

    Username _____

    Password _____

    _____

    _____

    Notes _____

    _____

    _____

Web Site _____

    Email used _____

    Username _____

    Password _____

    _____

    _____

    Notes _____

    _____

    _____

Web Site _____

    Email used _____

    Username _____

    Password _____

    _____

    _____

    Notes _____

    _____

Web Site _____

    Email used _____

    Username _____

    Password _____

    _____

    _____

    Notes _____

    _____

    _____

J

Web Site _____

    Email used _____

    Username _____

    Password _____

    _____

    _____

    Notes _____

    _____

    _____

Web Site _____

    Email used _____

    Username _____

    Password _____

    _____

    _____

    Notes _____

    _____

A B C D E F G H I J K L M N O P Q R S T U V W X Y Z

Web Site _____

   Email used _____

   Username _____

   Password _____

   _____

   _____

   Notes _____

   _____

   _____

Web Site _____

   Email used _____

   Username _____

   Password _____

   _____

   _____

   Notes _____

   _____

   _____

Web Site _____

   Email used _____

   Username _____

   Password _____

   _____

   _____

   Notes _____

   _____

Web Site _____

  Email used _____
  Username _____
  Password _____

  _____

  _____

  Notes _____

  _____

  _____

J

Web Site _____

  Email used _____
  Username _____
  Password _____

  _____

  _____

  Notes _____

  _____

  _____

Web Site _____

  Email used _____
  Username _____
  Password _____

  _____

  _____

  Notes _____

  _____

Web Site _____

    Email used _____

    Username _____

    Password _____

    _____

    _____

    Notes _____

    _____

    _____

Web Site _____

    Email used _____

    Username _____

    Password _____

    _____

    _____

    Notes _____

    _____

    _____

Web Site _____

    Email used _____

    Username _____

    Password _____

    _____

    _____

    Notes _____

    _____

A B C D E F G H I K L M N O P Q R S T U V W X Y Z

Web Site _____

    Email used _____

    Username _____

    Password _____

    _____

    _____

    Notes _____

    _____

    _____

K

Web Site _____

    Email used _____

    Username _____

    Password _____

    _____

    _____

    Notes _____

    _____

    _____

Web Site _____

    Email used _____

    Username _____

    Password _____

    _____

    _____

    Notes _____

    _____

Web Site _____

Email used _____

Username _____

Password _____

_____

_____

Notes _____

_____

_____

Web Site _____

Email used _____

Username _____

Password _____

_____

_____

Notes _____

_____

_____

Web Site _____

Email used _____

Username _____

Password _____

_____

_____

Notes _____

_____

K

Web Site _____

    Email used _____

    Username _____

    Password _____

    _____

    _____

    Notes _____

    _____

    _____

K

Web Site _____

    Email used _____

    Username _____

    Password _____

    _____

    _____

    Notes _____

    _____

    _____

Web Site _____

    Email used _____

    Username _____

    Password _____

    _____

    _____

    Notes _____

    _____

Web Site _____

    Email used _____

    Username _____

    Password _____

    _____

    _____

    Notes _____

    _____

    _____

Web Site _____

    Email used _____

    Username _____

    Password _____

    _____

    _____

    Notes _____

    _____

    _____

Web Site _____

    Email used _____

    Username _____

    Password _____

    _____

    _____

    Notes _____

    _____

K

Web Site

    Email used

    Username

    Password

    Notes

L

Web Site

    Email used

    Username

    Password

    Notes

Web Site

    Email used

    Username

    Password

    Notes

Web Site _____

   Email used _____

   Username _____

   Password _____

   _____

   _____

   Notes _____

   _____

   _____

Web Site _____

   Email used _____

   Username _____

   Password _____

   _____

   _____

   Notes _____

   _____

   _____

Web Site _____

   Email used _____

   Username _____

   Password _____

   _____

   _____

   Notes _____

   _____

Web Site _____

    Email used _____

    Username _____

    Password _____

    _____

    _____

    Notes _____

    _____

    _____

L

Web Site _____

    Email used _____

    Username _____

    Password _____

    _____

    _____

    Notes _____

    _____

    _____

Web Site _____

    Email used _____

    Username _____

    Password _____

    _____

    _____

    Notes _____

    _____

Web Site

Email used

Username

Password

Notes

Web Site

Email used

Username

Password

Notes

Web Site

Email used

Username

Password

Notes

Web Site _____

    Email used _____

    Username _____

    Password _____

    _____

    _____

    Notes _____

    _____

    _____

Web Site _____

    Email used _____

    Username _____

    Password _____

    _____

    _____

    Notes _____

    _____

    _____

Web Site _____

    Email used _____

    Username _____

    Password _____

    _____

    _____

    Notes _____

    _____

Web Site

   Email used

   Username

   Password

   Notes

Web Site

   Email used

   Username

   Password

   Notes

M

Web Site

   Email used

   Username

   Password

   Notes

Web Site _____

    Email used _____

    Username _____

    Password _____

    _____

    _____

    Notes _____

    _____

    _____

Web Site _____

    Email used _____

    Username _____

    Password _____

    _____

    _____

    Notes _____

    _____

    _____

M

Web Site _____

    Email used _____

    Username _____

    Password _____

    _____

    _____

    Notes _____

    _____

Web Site _____

    Email used _____

    Username _____

    Password _____

    _____

    _____

    Notes _____

    _____

    _____

Web Site _____

    Email used _____

    Username _____

    Password _____

    _____

    _____

    Notes _____

    _____

    _____

Web Site _____

    Email used _____

    Username _____

    Password _____

    _____

    _____

    Notes _____

    _____

Web Site

    Email used

    Username

    Password

    Notes

Web Site

    Email used

    Username

    Password

    Notes

Web Site

    Email used

    Username

    Password

    Notes

Web Site _____

   Email used _____
   Username _____
   Password _____
   _____
   _____

   Notes _____
   _____
   _____

Web Site _____

   Email used _____
   Username _____
   Password _____
   _____
   _____

   Notes _____
   _____
   _____

Web Site _____

   Email used _____
   Username _____
   Password _____
   _____
   _____

   Notes _____
   _____

Web Site

    Email used

    Username

    Password

    Notes

Web Site

    Email used

    Username

    Password

    Notes

Web Site

    Email used

    Username

    Password

    Notes

Web Site _____

   Email used _____

   Username _____

   Password _____

   _____

   _____

   Notes _____

   _____

   _____

Web Site _____

   Email used _____

   Username _____

   Password _____

   _____

   _____

   Notes _____

   _____

   _____

Web Site _____

   Email used _____

   Username _____

   Password _____

   _____

   _____

   Notes _____

   _____

O

Web Site _____

    Email used _____

    Username _____

    Password _____

    _____

    _____

    Notes _____

    _____

    _____

Web Site _____

    Email used _____

    Username _____

    Password _____

    _____

    _____

    Notes _____

    _____

    _____

Web Site _____

    Email used _____

    Username _____

    Password _____

    _____

    _____

    Notes _____

    _____

Web Site

    Email used

    Username

    Password

    Notes

Web Site

    Email used

    Username

    Password

    Notes

Web Site

    Email used

    Username

    Password

    Notes

Web Site _____

    Email used _____

    Username _____

    Password _____

    _____

    _____

    Notes _____

    _____

    _____

Web Site _____

    Email used _____

    Username _____

    Password _____

    _____

    _____

    Notes _____

    _____

    _____

Web Site _____

    Email used _____

    Username _____

    Password _____

    _____

    _____

    Notes _____

    _____

Web Site _____

    Email used _____

    Username _____

    Password _____

    _____

    _____

    Notes _____

    _____

    _____

Web Site _____

    Email used _____

    Username _____

    Password _____

    _____

    _____

    Notes _____

    _____

    _____

Web Site _____

    Email used _____

    Username _____

    Password _____

    _____

    _____

    Notes _____

    _____

    _____

O

Web Site

Email used

Username

Password

Notes

Web Site

Email used

Username

Password

Notes

Web Site

Email used

Username

Password

Notes

Web Site _____

   Email used _____

   Username _____

   Password _____

   _____

   _____

   Notes _____

   _____

   _____

Web Site _____

   Email used _____

   Username _____

   Password _____

   _____

   _____

   Notes _____

   _____

   _____

Web Site _____

   Email used _____

   Username _____

   Password _____

   _____

   _____

   Notes _____

   _____

A B C D E F G H I J K L M N O P Q R S T U V W X Y Z

Web Site

    Email used

    Username

    Password

    Notes

Web Site

    Email used

    Username

    Password

    Notes

Web Site

    Email used

    Username

    Password

    Notes

Web Site _____

    Email used _____

    Username _____

    Password _____

    _____

    _____

    Notes _____

    _____

    _____

Web Site _____

    Email used _____

    Username _____

    Password _____

    _____

    _____

    Notes _____

    _____

    _____

Web Site _____

    Email used _____

    Username _____

    Password _____

    _____

    _____

    Notes _____

    _____

P

Web Site

Email used

Username

Password

Notes

Web Site

Email used

Username

Password

Notes

Web Site

Email used

Username

Password

Notes

Web Site

Email used

Username

Password

Notes

Web Site

Email used

Username

Password

Notes

Web Site

Email used

Username

Password

Notes

Q

Web Site _____

    Email used _____

    Username _____

    Password _____

    _____

    _____

    Notes _____

    _____

    _____

Web Site _____

    Email used _____

    Username _____

    Password _____

    _____

    _____

Q

    Notes _____

    _____

    _____

Web Site _____

    Email used _____

    Username _____

    Password _____

    _____

    Notes _____

    _____

A B C D E F G H I J K L M N O P Q R S T U V W X Y Z

Web Site

Email used
Username
Password

Notes

Web Site

Email used
Username
Password

Notes

Web Site

Email used
Username
Password

Notes

Web Site

    Email used

    Username

    Password

    Notes

Web Site

    Email used

    Username

    Password

    Notes

Web Site

    Email used

    Username

    Password

    Notes

Web Site

Email used

Username

Password

Notes

Web Site

Email used

Username

Password

Notes

Web Site

Email used

Username

Password

Notes

Web Site

    Email used

    Username

    Password

    Notes

Web Site

    Email used

    Username

    Password

    Notes

R

Web Site

    Email used

    Username

    Password

    Notes

Web Site _____

    Email used _____

    Username _____

    Password _____

    _____

    _____

    Notes _____

    _____

    _____

Web Site _____

    Email used _____

    Username _____

    Password _____

    _____

    _____

    Notes _____

    _____

    _____

Web Site _____

    Email used _____

    Username _____

    Password _____

    _____

    _____

    Notes _____

    _____

A B C D E F G H I J K L M N O P Q R S T U V W X Y Z

Web Site

Email used

Username

Password

Notes

Web Site

Email used

Username

Password

Notes

S

Web Site

Email used

Username

Password

Notes

Web Site _____

    Email used _____

    Username _____

    Password _____

                _____

                _____

    Notes _____

    _____

    _____

Web Site _____

    Email used _____

    Username _____

    Password _____

                _____

                _____

    Notes _____

    _____

    _____

S

Web Site _____

    Email used _____

    Username _____

    Password _____

                _____

                _____

    Notes _____

    _____

A B C D E F G H I J K L M N O P Q R S T U V W X Y Z

Web Site _____

    Email used _____

    Username _____

    Password _____

    _____

    _____

    Notes _____

    _____

    _____

Web Site _____

    Email used _____

    Username _____

    Password _____

    _____

    _____

    Notes _____

    _____

    _____

S

Web Site _____

    Email used _____

    Username _____

    Password _____

    _____

    _____

    Notes _____

    _____

    _____

A B C D E F G H I J K L M N O P Q R S T U V W X Y Z

Web Site _____

    Email used _____

    Username _____

    Password _____

    _____

    _____

    Notes _____

    _____

    _____

Web Site _____

    Email used _____

    Username _____

    Password _____

    _____

    _____

    Notes _____

    _____

    _____

Web Site _____

    Email used _____

    Username _____

    Password _____

    _____

    _____

    Notes _____

    _____

Web Site _____

    Email used _____

    Username _____

    Password _____

                  _____

                  _____

    Notes _____

    _____

    _____

Web Site _____

    Email used _____

    Username _____

    Password _____

                  _____

                  _____

    Notes _____

    _____

    _____

T

Web Site _____

    Email used _____

    Username _____

    Password _____

                  _____

                  _____

    Notes _____

    _____

Web Site

Email used

Username

Password

Notes

Web Site

Email used

Username

Password

Notes

Web Site

Email used

Username

Password

Notes

Web Site _____

    Email used _____

    Username _____

    Password _____

    _____

    _____

    Notes _____

    _____

    _____

Web Site _____

    Email used _____

    Username _____

    Password _____

    _____

    _____

    Notes _____

    _____

    _____

T

Web Site _____

    Email used _____

    Username _____

    Password _____

    _____

    _____

    Notes _____

    _____

Web Site

    Email used

    Username

    Password

    Notes

Web Site

    Email used

    Username

    Password

    Notes

Web Site

    Email used

    Username

    Password

    Notes

A B C D E F G H I J K L M N O P Q R S T U V W X Y Z

Web Site _____

    Email used _____

    Username _____

    Password _____

    _____

    _____

    Notes _____

    _____

    _____

Web Site _____

    Email used _____

    Username _____

    Password _____

    _____

    _____

    Notes _____

    _____

    _____

U

Web Site _____

    Email used _____

    Username _____

    Password _____

    _____

    _____

    Notes _____

    _____

Web Site

   Email used

   Username

   Password

   Notes

Web Site

   Email used

   Username

   Password

   Notes

Web Site

   Email used

   Username

   Password

   Notes

A B C D E F G H I J K L M N O P Q R S T U V W X Y Z

Web Site

Email used

Username

Password

Notes

Web Site

Email used

Username

Password

Notes

U

Web Site

Email used

Username

Password

Notes

Web Site

Email used

Username

Password

Notes

Web Site

Email used

Username

Password

Notes

Web Site

Email used

Username

Password

Notes

A
B
C
D
E
F
G
H
I
J
K
L
M
N
O
P
Q
R
S
T
U
V
W
X
Y
Z

Web Site

Email used

Username

Password

Notes

Web Site

Email used

Username

Password

Notes

Web Site

Email used

Username

Password

Notes

Web Site _____

    Email used _____

    Username _____

    Password _____

    _____

    _____

    Notes _____

    _____

    _____

Web Site _____

    Email used _____

    Username _____

    Password _____

    _____

    _____

    Notes _____

    _____

    _____

Web Site _____

    Email used _____

    Username _____

    Password _____

    _____

    _____

    Notes _____

    _____

V

A
B
C
D
E
F
G
H
I
J
K
L
M
N
O
P
Q
R
S
T
U
V
W
X
Y
Z

Web Site

Email used

Username

Password

Notes

Web Site

Email used

Username

Password

Notes

Web Site

Email used

Username

Password

Notes

Web Site

    Email used

    Username

    Password

    Notes

Web Site

    Email used

    Username

    Password

    Notes

Web Site

    Email used

    Username

    Password

    Notes

V

Web Site _____

    Email used _____

    Username _____

    Password _____

    _____

    _____

    Notes _____

    _____

    _____

Web Site _____

    Email used _____

    Username _____

    Password _____

    _____

    _____

    Notes _____

    _____

    _____

Web Site _____

    Email used _____

    Username _____

    Password _____

    _____

    _____

    Notes _____

    _____

A B C D E F G H I J K L M N O P Q R S T U V **W** X Y Z

Web Site _____

   Email used _____

   Username _____

   Password _____

                 _____

                 _____

   Notes _____

_____

_____

Web Site _____

   Email used _____

   Username _____

   Password _____

                 _____

                 _____

   Notes _____

_____

_____

Web Site _____

   Email used _____

   Username _____

   Password _____

                 _____

                 _____

   Notes _____

_____

W

Web Site

    Email used

    Username

    Password

    Notes

Web Site

    Email used

    Username

    Password

    Notes

Web Site

    Email used

    Username

    Password

    Notes

Web Site

Email used _____

Username _____

Password _____

_____

_____

Notes _____

_____

_____

Web Site

Email used _____

Username _____

Password _____

_____

_____

Notes _____

_____

_____

Web Site

Email used _____

Username _____

Password _____

_____

_____

Notes _____

_____

W

Web Site

    Email used

    Username

    Password

    Notes

Web Site

    Email used

    Username

    Password

    Notes

Web Site

    Email used

    Username

    Password

    Notes

Web Site _____

   Email used _____

   Username _____

   Password _____

   _____

   _____

   Notes _____

   _____

   _____

Web Site _____

   Email used _____

   Username _____

   Password _____

   _____

   _____

   Notes _____

   _____

   _____

Web Site _____

   Email used _____

   Username _____

   Password _____

   _____

   _____

   Notes _____

   _____

Web Site

     Email used

     Username

     Password

     Notes

Web Site

     Email used

     Username

     Password

     Notes

Web Site

     Email used

     Username

     Password

     Notes

X

Web Site _____

    Email used _____

    Username _____

    Password _____

    _____

    _____

    Notes _____

    _____

    _____

Web Site _____

    Email used _____

    Username _____

    Password _____

    _____

    _____

    Notes _____

    _____

    _____

Web Site _____

    Email used _____

    Username _____

    Password _____

    _____

    _____

    Notes _____

    _____

Web Site _____

    Email used _____

    Username _____

    Password _____

    _____

    _____

    Notes _____

    _____

    _____

Web Site _____

    Email used _____

    Username _____

    Password _____

    _____

    _____

    Notes _____

    _____

    _____

Web Site _____

    Email used _____

    Username _____

    Password _____

    _____

    _____

    Notes _____

    _____

    _____

A B C D E F G H I J K L M N O P Q R S T U V W X **Y** Z

Web Site

Email used

Username

Password

Notes

Web Site

Email used

Username

Password

Notes

Web Site

Email used

Username

Password

Notes

Y

Web Site _____

    Email used _____

    Username _____

    Password _____

    _____

    _____

    Notes _____

    _____

    _____

Web Site _____

    Email used _____

    Username _____

    Password _____

    _____

    _____

    Notes _____

    _____

    _____

Web Site _____

    Email used _____

    Username _____

    Password _____

    _____

    _____

    Notes _____

    _____

A B C D E F G H I J K L M N O P Q R S T U V W X **Y** Z

Web Site

Email used _____

Username _____

Password _____

_____

_____

Notes _____

_____

_____

Web Site

Email used _____

Username _____

Password _____

_____

_____

Notes _____

_____

_____

Web Site

Email used _____

Username _____

Password _____

_____

_____

Notes _____

_____

Y

Web Site _____

    Email used _____

    Username _____

    Password _____

    _____

    _____

    Notes _____

    _____

    _____

Web Site _____

    Email used _____

    Username _____

    Password _____

    _____

    _____

    Notes _____

    _____

    _____

Web Site _____

    Email used _____

    Username _____

    Password _____

    _____

    _____

    Notes _____

    _____

A
B
C
D
E
F
G
H
I
J
K
L
M
N
O
P
Q
R
S
T
U
V
W
X
Y
Z

Web Site

Email used

Username

Password

Notes

Web Site

Email used

Username

Password

Notes

Web Site

Email used

Username

Password

Notes

Web Site _____

    Email used _____

    Username _____

    Password _____

    _____

    _____

    Notes _____

    _____

    _____

Web Site _____

    Email used _____

    Username _____

    Password _____

    _____

    _____

    Notes _____

    _____

    _____

Web Site _____

    Email used _____

    Username _____

    Password _____

    _____

    _____

    Notes _____

    _____

A B C D E F G H I J K L M N O P Q R S T U V W X Y **Z**

Web Site _____

    Email used _____

    Username _____

    Password _____

    _____

    _____

    Notes _____

    _____

    _____

Web Site _____

    Email used _____

    Username _____

    Password _____

    _____

    _____

    Notes _____

    _____

    _____

Web Site _____

    Email used _____

    Username _____

    Password _____

    _____

    _____

    Notes _____

    _____

Important Notes

64869178R00059